Inklusiver Religionsunterricht in einer religiös pluralistischen Gesellschaft

Wie kann Anerkennung nach Prengel im Religionsunterricht verwirklicht werden?

Felix Märtin

Bibliografische Information der Deutschen Nationalbibliothek:

Die Deutsche Nationalbibliothek verzeichnet diese Publikation in der Deutschen Nationalbibliografie; detaillierte bibliografische Daten sind im Internet über http://dnb.d-nb.de abrufbar.

ISBN: 9783346784964
Dieses Buch ist auch als E-Book erhältlich.

Druck und Bindung: Books on Demand GmbH, Norderstedt Germany
Gedruckt auf säurefreiem Papier aus verantwortungsvollen Quellen

Das vorliegende Werk wurde sorgfältig erarbeitet. Dennoch übernehmen Autoren und Verlag für die Richtigkeit von Angaben, Hinweisen, Links und Ratschlägen sowie eventuelle Druckfehler keine Haftung.

Das Buch bei GRIN: https://www.grin.com/document/1310105

Christian-Albrechts-Universität zu Kiel

Institut für Pädagogik, Abteilung Sozialpädagogik

Seminar: Bildungsprozesse und Anerkennung

Sommersemester 2022

Inklusiver Religionsunterricht in einer religiös pluralistischen Gesellschaft.

Wie kann Anerkennung nach Prengel im Religionsunterricht verwirklicht werden?

Felix Märtin

Kiel, 15.09.2022

INHALTSVERZEICHNIS

1 EINLEITUNG

1.1 PERSÖNLICHER BEZUG UND RELEVANZ DES THEMAS – PROBLEMSKIZZE

Im Seminar „Bildungsprozesse und Anerkennung" habe ich ein breites Verständnis zu den verschiedenen Modellen von Anerkennung aufbauen können. Besonders in Erinnerung ist mir dabei das Konzept der Pädagogik der Vielfalt von Annedore Prengel hängen geblieben, welches sich durch die Anerkennung von Gleichheit und von Differenz auszeichnet. Dabei geht es um die Entwicklung und das Nutzen der Einzigartigkeit bzw. Verschiedenheit jedes Menschen als Ressource. In meiner Schulzeit habe ich den evangelischen Religionsunterricht besucht und viel über meinen Glauben gelernt. Auch der Austausch mit anderen Gläubigen war für mich immer sehr bereichernd. Aber eine dialogische Begegnung mit Menschen anderer Religionszugehörigkeiten hatte ich das erste Mal zu Beginn meines Studiums. Dort habe ich viel über andere Religionen gelernt und das erste Mal festgestellt, dass auch viele Gemeinsamkeiten existieren. Allerdings bin ich gelegentlich auch in Fettnäpfchen getreten und habe mich pauschalisiert und vorurteilsbehaftet in Gesprächen mit Andersgläubigen ausgedrückt. Auch ich musste viele Vorurteile über meinen Glauben hinnehmen. Ich habe sachliche, wertschätzende, aber auch etliche unsachliche und verständnislose Diskussionen und Gespräche erlebt. Gerne möchte ich später das Fach Religion unterrichten, das auch die Möglichkeit eines sachlich-dialogischen Austausches mit einer religiös-heterogenen Gruppe bereitstellt und Schüler*innen befähigt, religiösen Menschen mit Anerkennung, Toleranz und Respekt zu begegnen.

Vor dem Hintergrund einer sich im Sinne zunehmender Multikulturalität und -Religiosität wandelnden Gesellschaft ist die Erwartung gegenüber einer Weiterentwicklung religiöser Bildung hin zu einer interreligiösen Bildung weit verbreitet und bezieht sich sowohl auf das Schulfach Religion als auch auf jegliche anderen Formen religiöser Bildung. Die heutigen Vorraussetzungen verweisen auf die neue pädagogische Aufgabe, die herkömmliche Bildung und Erziehung, die sich nur auf die der eigenen Herkunft entsprechenden Religion bezieht, zu erweitern. Erst durch entsprechende vorbereitende pädagogische Maßnahmen von Kindheit an, lässt sich das Ziel eines durch Frieden, Toleranz, Anerkennung und vom wechselseitigen Respekt geprägten Zusammenlebens erreichen (vgl. Schweitzer 2022: S. 6). Doch nicht allein zunehmende Pluralisierungstendenzen sind Grund für ein Lernen in heterogenen Gruppen. Besonders aus (religions-)pädagogischer Sicht sei ein gemeinsames Lernen unausweichlich. Es sei unerlässlich, den Umgang mit der Andersartigkeit des Anderen zu erlernen und eine grenzübergreifende Verständigung einzuüben. Möglich wäre dies in einer Lerngruppe, in der Diversität existiert und praktisch erfahren und erlernt wird. Durch eine Gemeinschaft der Verschiedenen kommt es zu einem Kompetenzerwerb. Schüler*innen eignen sich beispielsweise Handlungssicherheit im Umgang mit Verschiedenheit an, bauen Berührungsängste gegenüber dem Fremden ab, erwerben eine wertschätzende Haltung gegenüber Menschen unterschiedlicher geistig-weltanschaulicher Prägung und bauen ein Verständnis für unvertraute Religionen und Glaubensformen auf (vgl. Müller-Friese, Schweiker 2013: S. 38). Obwohl Schulklassen eine sehr große Vielfalt der Schüler*innen aufweisen, versuchen Schulen diese Verschiedenheit oftmals zu verringern. In Anlehnung an Prengel muss in der Schule im Gegensatz zur gesellschaftlich-kulturellen Vielfalt weiterhin von einer „Monokultur" (vgl. Prengel 2019: S. 86) gesprochen werden. An Regelschulen hat der Unterricht oftmals den Charakter einer Mittelschichtinstitution, die auf weiße, mitteleuropäische Schüler*innen zugeschnitten ist. Der konfessionelle Religionsunterricht hat sich in seiner Vergangenheit dieser Praxis ohne Einschränkung angeschlossen (vgl. Müller-Friese, Schweiker 2013: S. 39).

1.2 RELIGIONSUNTERRICHT IN DEUTSCHLAND

In Deutschland hat kein Unterrichtsfach eine rechtlich vergleichbare Stellung wie der Religionsunterricht (RU). Der RU ist im Grundgesetz (GG) vom 23. Mai 1949 als „ordentliches Lehrfach" für alle Schulen in öffentlicher Trägerschaft festgeschrieben (Art. 7.3 GG) und wird unter staatlicher Aufsicht in inhaltlicher Übereinstimmung mit den Grundsätzen der Religionsgemeinschaften als evangelischer, katholischer, jüdischer oder islamischer RU erteilt und verantwortet. Für alle Schüler*innen besteht allgemein die Möglichkeit, wesentliche persönliche Sinnfragen aufzugreifen, Handlungsorientierung zu gewinnen und rechtlichen Gebrauch von ihrer Glaubens- und Gewissensfreiheit zu machen (vgl. Kirchenamt der EKD 2014: S. 38ff.). Der zur Neutralität verpflichtet freiheitliche Rechtsstaat bringt gleichzeitig zum Ausdruck, dass religiöse Überzeugungen auch für die Gestaltung eines friedlichen, funktionierenden Gemeinwesens bedeutsam sind (vgl. Kothmann 2016: S. 1).

Aus politischer Sicht kommt dem Religionsunterricht die besondere Funktion einer ethischzivilisierenden und informierenden Bildung zu. Seine Wichtigkeit erfährt der RU, weil religiös motivierte Konflikte deutlich machen, dass Religion keine Privatangelegenheit ist. Bildungspolitisch ist der Beitrag zu einem solidarischen Miteinander daher ein notwendiger Gegenstand schulischer Bildung (vgl. Kothmann 2013: S. 12).

1.2.1 Gesellschaftliche Rahmenbedingungen

Nicht zuletzt lassen neben den religiös-kulturellen Pluralisierungstendenzen (z.B. verstärktes Aufkommen des Islam) auch der gesellschaftlich zunehmende Bedeutungsverlust der Kirchen und die steigende Pluralisierung von Lebensstilen den schulischen RU in seiner konfessionsgetrennten Form begründungspflichtig werden. Die Relevanz des Faches betreffend sprechen die eher geringen Abmeldungen vom RU stets für eine relativ hohe Akzeptanz bei Schüler*innen und den Eltern (vgl. Kirchenamt der EKD 2014: S. 27). Doch mit Blick auf die zunehmende Zahl von Konfessionslosen bzw. Kirchendistanzierten (ca. 30 %) und die religiös-kulturelle Pluralisierung stellt sich die Frage nach der Zukunft des konfessionellen RU. Denn in vergangener Zeit haben sich in Deutschland verschiedene Praxen des RU entwickelt und in Europa (z.B. in England und Schweden) empfehlen sich multireligiöse Formate als zukunfts- und pluralitätsfähiger (vgl. Kothmann 2013: S. 3f.).

1.2.2 Kirchliche & schulische Rahmenbedingungen

Im Jahr 1994 bezieht die Evangelische Kirche Deutschlands (EKD) zum konfessionsbezogen Lernen Stellung. Dabei begrüßt die Kirche zwar die zu erwartende umfassende Pluralisierung Deutschlands, weist aber auf das potentielle Risiko hin, *„daß die eigene Auffassung konturlos wird"* (Evangelische Kirche Deutschlands 1994: S. 26). Aus diesem Grund plädiert die Kirche für einen nach Konfessionen getrennten Unterricht, der sich jeweils den eigenen Perspektiven auf Sinn- und Lebensfragen, Gott, den Menschen und die Welt widme und Schüler*innen bei ihrer Identitätsbildung unterstützt. Durch ein erfolgsversprechendes Wechselspiel zwischen Identität und Verständigung solle der Dialogfähigkeit in der religiös-pluralen Gesellschaft genüge getan werden (vgl. Evangelische Kirche Deutschlands 1994: S. 40).

Unter dem Titel „Evangelischer Religionsunterricht als Beitrag zu einer pluralitätsfähigen Schule" bezieht die EKD im Jahr 2014 erneut Stellung zum RU und unterstreicht die Auffassung für einen konfessionell kooperativen, dialogisch ausgerichteten RU (vgl. Kirchenamt der EKD 2014: S. 14). Die EKD macht deutlich, dass dieser Unterricht Schüler*innen unter Berücksichtigung ihrer eigenen Lebenserfahrungen

> *„eine Auseinandersetzung mit dem christlichen Glauben, seinen biblischen Grundlagen und ethischen Konsequenzen [ermöglicht]. In all dem wird erwartet, dass sich auch ein Verständnis für Menschen entwickelt, die nicht-christlichen Religionen oder keiner Religion angehören. (...) Die im Religionsunterricht ermöglichte religiöse Orientierung stellt eine Voraussetzung auch für Pluralitätsfähigkeit dar"* (Kirchenamt der

3

EKD 2014: S. 55), die *„ohne Vertrautheit mit verschiedenen Religionen und Weltan-schauungen nicht denkbar ist"* (Kirchenamt der EKD 2014: S. 67).

Hierbei wird ein evangelisches Glaubensverständnis herausgearbeitet, dem grundlegende Haltungen (z.b. Offenheit und Toleranz) angehören und das aus kirchlicher Perspektive da-rauf verweist, dass ein pluralitätsfähiger und identitätsbildender RU Elemente konfessionel-ler Bindung und dialogischer Offenheit brauche (vgl. Schweitzer 2015: S. 10; Kothmann 2013: S. 11). Angesichts dieser zunehmenden religiös-weltanschaulichen Vielfalt erwächst für den Religionsunterricht - und zwar im Blick auf die Schule insgesamt - die neue Aufgabe:

„als ein Ort verstanden und ausgestaltet werden, an dem die in der eigenen Schule

vorhandene (...) Vielfalt reflexiv aufgenommen und eingeholt werden kann. Im Religi-

onsunterricht können verschiedene Arten und Weisen, mit dieser Vielfalt umzugehen,

ausdrücklich thematisiert werden" (Kirchenamt der EKD 2014: S. 103).

1.3 FRAGESTELLUNG & VORGEHENSWEISE

Mit diesem Einstieg darüber, wie in einer pluralistischen Gesellschaft ein Leitbild religiöser Erziehung begründet wird, ist der Religionsunterricht an der Schule ein interessantes Studi-enobjekt für die Frage, wie Schule unter Berücksichtigung einer Pädagogik der Vielfalt religi-öser Pluralität begegnen sollte. Um dieser Frage nachzugehen, soll im Anschluss an die Ein-leitung das Konzept der Pädagogik der Vielfalt (PdV) nach der Erziehungswissenschaftlerin Annedore Prengel vorgestellt werden. Im Folgenden werden zwei Interreligiöse Bildungsan-sätze vorgestellt, bevor dann im zweiten Hauptteil beurteilt werden soll, ob die Gedanken des neueren Konzepts der „Kultur- und Religionssensiblen Bildung" den Kerngedanken der PdV Rechnung tragen.

2 DER WEG ZU EINEM INKLUSIVEN RELIGIONSUNTERRICHT

2.1 ANERKENNUNG NACH ANNEDORE PRENGEL – PÄDAGOGIK DER VIELFALT

Der Begriff „Pädagogik der Vielfalt" und das dahinterstehende Konzept wurden von Annedo-re Prengel maßgeblich beeinflusst. In der ersten Auflage ihres 1993 veröffentlichten Buch „Pädagogik der Vielfalt" bezieht sie sich vorwiegend auf drei Kategorien: Geschlecht (femi-nistische Pädagogik), Behinderung (Integrationspädagogik) und Kulturalität (interkulturelle Pädagogik – antirassistische Bildungsarbeit) (vgl. Prengel 2019: S. 2). Auf die letztgenannte Kategorie soll kurz etwas näher eingegangen werden.

2.1.1 Inklusive und interkulturelle Pädagogik

Das Ziel der inklusiven Pädagogik bestehe darin, jegliche Heterogenitätsdimensionen einzubeziehen. Zu dieser Fülle an Dimensionen gehören unter anderem *„Ability/Leistung, Gender und sexuelle Orientierung, Kultur/Ethnizität, Aufenthaltsstatus und Religion sowie die sozioökonomische Lebenslage"* (Prengel 2013a: S. 33).

Die interkulturelle Pädagogik verweist darauf, dass sie Bezug zu Angehörigen verschiedener Kulturen hat, jedoch bisher unreflektiert Werte und Normen der dominanten Kultur zusammen mit der entsprechenden Höherwertigkeitsvorstellungen weitergegeben werden (vgl. Prengel 2019: S. 19). Insofern steht interkulturelle Erziehung vor der Aufgabe, Menschen zum respektvollen, wechselseitigen Kennenlernen zu befähigen. Zielführend bei der Suche nach Verbindungswegen zwischen verschiedenen Kulturen seien dabei das Bewusstwerden der eigenen Kultur einerseits und das Wahrnehmen anderer Kulturen andererseits (vgl. Prengel 2019: S. 91). Im Vordergrund steht dabei das Abbauen von hierarchischen Strukturen. Für einen professionellen Umgang mit der Vielfalt im Schulbereich fordert Prengel eine Didaktik für heterogene Lerngruppen, die all jene Menschen in ihren unterschiedlichen Lebenslagen gerecht wird (vgl. Prengel 2019: S. 1).

2.1.2 Was ist Vielfalt? - Gleichheit und Verschiedenheit

Das Kernanliegen der PdV ist die Gleichberechtigung der Verschiedenen. Für eine Schule der Vielfalt seien sowohl die Akzeptanz von Individualität als auch die Aufgeschlossenheit gegenüber Unterschiedlichkeit, die weder als besser geschweige denn als schlechter zu bewerten ist, von besonderer Bedeutung. Die inklusive Pädagogik ist um eine neue Definition des Verhältnisses von Gleichheit und Verschiedenheit bemüht, arbeitet daran, *„dass demokratische Gleichheitsprinzip ohne den Zwang zur Angleichung gelten zu lassen und Freiheit für Vielfalt ohne den Drang zur Hierarchiebildung wertzuschätzen."* (Prengel 2010: S. 6). Erst dann werden polarisierende Pauschalisierungen vermeiden und kann ein Beitrag zur *„zur Entfaltung kulturellen Reichtums und zum Respekt vor Individualität in der Erziehung"* (Prengel 2019: S. 4) geleistet werden. Für Prengel sind die Begriffe Gleichheit und Verschiedenheit untrennbar miteinander verbunden. Gleich sind Schüler*innen aus Sicht der inklusiven Pädagogik hinsichtlich ihrer Grundbedürfnisse (z.B. Nahrung, Bildung, grundlegende Rechte). Verschieden sind alle Schüler*innen hinsichtlich ihrer einzigartigen Individualität (z.B. wie Alter, kultureller Hintergrund, Geschlecht, sexuelle Orientierung, Herkunft, ökonomischen Lebensbedingungen) (vgl. Prengel 2010: S.2f.).

5

2.1.3 Kernpunkte der PdV

Die PdV sieht jeden Menschen als Einzigartigkeit und somit als Bereicherung. Prengel versteht diese Unterschiedlichkeit der Menschen als Ressource und ermutigt dazu, diese Vielfalt an Biografien nicht als Problem, sondern als Reichtum zu betrachten. Für eine PdV braucht es ebenso eine ermutigende, akzeptierende, antidiskriminierende, emanzipatorische Haltung, wie unterstützende Strukturen, chancengerechte und anregende Lernumgebungen in der Schule (vgl. IMST-Handreichungen 2014: S. 4). Dafür formuliert Prengel 17 Thesen, die, unter Berücksichtigung der von Axel Honneth dargelegten drei Dimensionen von Anerkennung, auf pädagogische Kontexte zugeschnitten sind. Ihre Thesen seien als Diskussionsbeitrag zu verstehen. Sie erheben nicht den Anspruch auf Widerspruchsfreiheit und lassen viele Fragen unbeantwortet, leisten aber eine Reflexionsarbeit, um diese offenen Fragen aufzuarbeiten (vgl. Prengel 2019: S. 205). Im Folgenden soll lediglich auf ein paar ausgewählte zentrale Prinzipien und didaktischen Elemente Bezug genommen werden:

Ihre erste These „**Selbstachtung und Anerkennung der Anderen**" soll in der PdV als Lernziel für Lehrkräfte und Schüler*innen gelten und besagt, dass Anerkennung der Anderen mit der Selbstanerkennung anfängt. Über den Weg der Selbstreflexion gelingt die Anerkennung der Persönlichkeit, die wiederum „*Selbstachtung, liebevolle Selbstwahrnehmung, Fähigkeit zur Artikulation der eigenen Erfahrung und des eigenen Willens und zum Handeln im eigenen Interesse bewirken.*" (Prengel 2019: S. 195). Durch den Blick auf die eigene Besonderheit werden auch die Fähigkeit und das Interesse an der Besonderheit der Anderen geweckt.

Das „*Kennenlernen der Anderen*" und sich neugierig auf andere einlassen ist der Schlüssel für ein erfolgreiches Miteinander und benötigt daher im Unterricht den entsprechenden Raum. „*Solche Gemeinsamkeit setzt sich zusammen durch den Kontakt zwischen den Verschiedenen, sie wird nicht erreicht durch Angleichung der Verschiedenen aneinander oder an eine übergeordnete Vorgabe.*" (Prengel 2019: S. 196).

Dazu gehört auch die **Entwicklung und das Nutzen von Verschiedenheit** im gemeinsamen Spielen, lernen, helfen und in der Gemeinschaft von Verschiedenen, wodurch Beziehungen entwickelt werden. Lehrkräfte seien daher verantwortlich für eine Atmosphäre der Akzeptanz der Verschiedenheit. Denn ansonsten besteht die Gefahr, dass „die „*mächtigen Traditionen des Rassismus*" Entwicklungsprozesse hemmen (Prengel 2019: S. 196).

In der vierten These „*Kollektivität: Gemeinsamkeit zwischen Menschen mit ähnlichen Erfahrungen*" betont Prengel, dass das Verhältnis von Selbstachtung und Anerkennung der Anderen auch in Bezug auf Einzelne mit denselben Erfahrungen innerhalb derselben Gruppe gelte. Im Dialog mit Verschiedenen ist es möglich, dass sich Einzelne in ihrem Erleben wiedererkennen. Dieses Wiedererkennen erschließt neue Dimensionen, weshalb auch die Anerkennung kollektiver Verschiedenheit zwischen Gruppen einen Platz in der PdV haben sollte. Eine Differenzierung, die zur dauerhaften Separation Einzelner innerhalb einer Gruppe führen, müssen vermieden werden. Schüler*innen sollte der Raum geboten werden, zu zeigen wer sie sind und um sich zu entwickeln bzw. zu verändern (vgl. Prengel 2019: S. 197f.).

In der achten und neunten These spricht sich Prengel dafür aus, *„Keine Definitionen"* und *„Keine Leitbilder"* zu verwenden, denn die PdV unterstreicht die „Unbestimmbarkeit der Menschen". Weder eine PdV noch Erwachsene bzw. Pädagog*innen sollen den Ist-Zustand, oder den Soll-Zustand eines Kindes bestimmen. Die PdV lehnt Definitionen, z.B. was ein Christ oder eine Muslimin sei (vgl. Prengel 2019: S. 200), und Leitbilder, die kulturelle Zugehörigkeiten vorzeichnen, ab. Lehrer*innen sollten Kinder bei ihrer eigenen rechtmäßigen Lebensgestaltung unterstützen, zur eigenständigen Lebensplanung anleiten und tragen für geeignete Identifikationsmöglichkeiten Sorge (vgl. Prengel 2019: S. 200f.).

In These 13. spricht sich Prengel eine *„Didaktik des offenen Unterrichts"* aus, die stets am Problem der Abstimmung zwischen dem Entwicklungsstand der Schüler*innen und den inhaltlichen-methodischen Angeboten der Pädagogik arbeitet. Nur bei einem offenen Lernangebot, das der Verschiedenheit der Kinder Rechnung trägt, kann jedem Kind eine angemessene Unterstützung der Lernprozesse geboten werden (vgl. Prengel 2019: S. 202).

2.1.4   Vorrausetzung von PdV

Wichtige Voraussetzungen ergeben sich unter anderem auf *Institutionelle Ebene*, wie z.B. eine fruchtbare Zusammenarbeit mit Eltern und Kooperationen mit vielfältigen öffentlichen Einrichtungen. Wichtig sei weiterhin eine entsprechende Gestaltung der Klassenräume (z.B. Anerkennung aller religiösen Symbole), in denen sich jeder Einzelne in seiner Einzigartigkeit wiederfindet und die Verschiedenheit der Klassengemeinschaft zum Ausdruck kommt.

Auf *Ebene der Didaktik* gelte das Motto Lernförderung und -begleitung anstelle eines Unterrichts mit homogenen Lerngruppen. Wichtig sei darüber hinaus eine interessenbasierte Orientierung an den Schüler*innen (vgl. IMST-Handreichungen 2014: S. 9). In diesem Zusammenhang sei auf die ReVikoR-Studie verwiesen, in der Schüler*innen den Wunsch artikulierten, nicht nach Konfessionen getrennt unterrichtet zu werden. Eine Trennung hätte aus Sicht vieler Lehrer*innen und Schüler*innen hemmende Auswirkungen auf die Entwicklung von Respekt und Toleranz (vgl. Lüdtke 2020: S. 398). Unterschiedliche Lern- und Arbeitsgruppen (z.b. ein gemischter RU), sollen die Möglichkeit bieten individuelle Sichtweisen einzubringen und zu besprechen, Unterschiede bzw. Widersprüche zu reflektieren und zu tolerieren sowie Gemeinsamkeiten wahrzunehmen (vgl. IMST-Handreichungen 2014: S. 9f.).

Auf der Beziehungsebene betont Prengel, dass „Separation (...) zur Folge [hat], dass Kindern die Möglichkeit genommen wird, gemeinsam mit anderen Kindern aufzuwachsen und mit deren Lebenssituationen vertraut zu werden" (2010: S: 9). Ein solcher Unterricht laufe damit Gefahr, dass in der Kindheit die kulturell veranlagte Abwehr beispielsweise gegen Andersgläubige, nicht wahrgenommen wird. In Anlehnung an die Entwicklungslogik der Integrationsforscherin Maria Kron bedauert Prengel den Widerspruch, Kinder in ihrer bedeutendsten Entwicklungsphase voneinander zu trennen, und ihnen im Jugend- und Erwachsenenalter eine sich achtende und akzeptieren Haltung abzuverlangen (vgl. Prengel 2013b: S. 11).

2.2 INTERKULTURELLE UND INTERRELIGIÖSE BILDUNGSANSÄTZE

Schon seit geraumer Zeit sind interkulturelle und –religiöse Bildungsansätze um die Planung integrativer bzw. inklusiver Unterrichtsmodelle an Schulen bemüht, die den Umgang mit religiöser Vielfalt zu schulen versuchen. Interkulturelles Lernen soll Schüler*innen befähigen friedlich und achtungsvoll mit anderen, ganz frei von ihrer Religionszugehörigkeit oder Kultur, umzugehen. In vielen Fällen gehen die Ansätze des interkulturellen Lernens heute mit der Pädagogik der Vielfalt von Prengel einher (vgl. Heller et al. 2017: S. 38f.).

Das seit den 1980er Jahren diskutierte interkulturelle Lernen war Vorbild für die Begriffsbildung Interreligiösen Lernens (vgl. Schweitzer 2022: S. 9). Die Ansätze einer interkulturellen Bildung streben danach, Schüler*innen zu einer aktiven Beschäftigung mit der kulturell bedingten Verschiedenheit zu befähigen. Problematisch sei bei diesen Ansätzen jedoch, dass Religion oftmals als kulturelle Erscheinungsform verallgemeinert wird. Denn wenn Pädagog*innen jegliche Lebensstile und -einstellungen religiös gestimmter Schüler*innen auf kulturelle Erscheinungen zurückführen und relativieren, entstünden Irrtümer (vgl. Heller et al. 2017: S. 40). Bei der Vermittlung von Kultur werde von der religiösen Individualität der Personen abgesehen, wodurch die Verschiedenheit innerhalb einer Migrant*innenkultur subsumiert werde, und sich betreffende Schüler*innen einem Leitbild einer einzigen Kultur unterordnen (vgl. Asbrand 2001: S. 19). Weil zu der PdV auch das Differenzmerkmal Religion zählt, braucht die Diskussion um das interkulturelle Lernen also unbedingt einen Bezug zur Religion, weshalb insbesondere die Religionspädagogik ausdrücklich vom interreligiösen Lernen spricht. Für den Theologen Friedrich Schweitzer ist Interreligiöse Bildung

„eine Dimension von Bildung, die sich auf die Wahrnehmung eigener und anderer Religionen und ihr Verhältnis zueinander bezieht, die auf wechselseitigem Verstehen beruhende dialogische Einstellungen anstrebt und zu einem gesellschaftlichen Zusammenleben im Sinne von Frieden und Toleranz, Anerkennung des Anderen und Respekt voreinander befähigt." (Schweitzer 2022: S. 9).

Der durch den Artikel 7.3 des Grundgesetzes begründete RU erlaubt einen der Vielfalt der Religionen entsprechenden Unterricht und berücksichtigt die Unterschiedlichkeit der Bekenntnisse und Traditionen. Trotzdem wird der RU in der Regel nach Konfessionen getrennt unterrichtet und selten gemeinsam (z.B. wie in Hamburg) oder konfessionell-kooperativ (z.B. wie in Baden-Württemberg) erteilt. Wie steht es also zukünftig um einen inklusiven RU?

Einerseits sollen die unterschiedlichen Stimmen der Glaubensgemeinschaften in ihrer Vielfalt glaubhaft zur Sprache kommen, wodurch Schüler*innen nicht nur Wissen über Religion aufbauen, sondern - dem Grundsatz gemäß - von gläubigen Lehrkräften von ihrer Religion lernen. Andererseits sei dem Grundsatz der Gemeinsamkeit des Lernens nach auch darauf zu achten, die authentischen Stimmen anderer Religionsgemeinschaften in der Separierung wahrzunehmen. Es ist wichtig sich gegenseitig zu hören und gemeinsam ins Gespräch zu kommen. Das konfessionsübergreifende Lernen ist ein elementarer Bestandteil eines inklusiven konfessionellen RU und ist daher neben einer nach innen gerichteten konfessionellen Seite auch auf eine interreligiös nach außen gerichtet Seite angewiesen. So würde sowohl die Möglichkeit bestehen, die eigene Religion authentisch kennenzulernen als auch in den Dialog mit anderen Religionen zu treten (vgl. Müller-Friese, Schweiker 2013: S. 42). Im Folgenden sollen zwei Modelle Beachtung finden, die mit Blick auf eine Inklusionspädagogik als Pioniere eines inklusiven RU gesehen werden können.

2.2.1 Hamburg: Religionsunterricht für alle

In den 1990er Jahren entwickelte sich in Hamburg eine Form des interreligiösen Lernens – ein Religionsunterricht für alle (RUfa) in evangelischer Verantwortung, der eine authentische Begegnung mit Angehörigen verschiedener Religionen und Kulturen ermöglicht (vgl. Heller et al. 2017: S. 39). Es ist ein Unterricht für alle Schüler*innen unabhängig von ihren religiösen oder weltanschaulichen Ansichten und zielt darauf, *„miteinander nach Orientierungen im Fühlen und Denken, im Glauben und Handeln zu suchen"* (Freie und Hansestadt Hamburg 2011: S. 10). 2012 kam es zu einer Weiterentwicklung des Modells, sodass der RUfa nun auch in Kooperation von Mitgliedern jüdischer, islamischer und alevitischer Religionszugehörigkeit unter dem Dach der Evangelisch-Lutherischen Kirche in Norddeutschland mitverant-wortet werden kann (vgl. Li Hamburg: o.D.: o.S.). Dieses Modell erhält durch die Stadt Hamburg nachhaltige Förderung, da an öffentlichen Schulen weder ein katholischer noch ein islamischer RU erteilt oder geplant wurde und somit den unterschiedlichsten Bedürfnissen nach Religionsunterricht sowie dem öffentlichen Verlangen von Schüler*innen nach Sinn- und Werteorientierung im Kontext der von mehr als hundert verschiedenen Religionsgemeinschaften geprägten Hansestadt Rechnung getragen wird (vgl. Heckel 2007: S. 94).

Als Reaktion auf die zunehmende religiöse Pluralisierung will dieser Unterricht Schüler*innen *„zu einen humanen Umgang mit Vielfalt befähigen, indem er den Dialog angesichts von Differenz praktiziert und erfahrbar macht"* (Doedens, Weiße 2007: S. 51). Schüler*innen lernen sich in der Begegnung und Auseinandersetzung mit religiösen Zeugnissen auf eine transzendente göttliche Wirklichkeit einzulassen, fragen nach Erfahrungen und Vorstelllungen, die diesen Zeugnissen zu Grunde liegen und sind bemüht den Sinn des eigenen Lebens zu erschließen und im Dialog mit anderen zu kommunizieren. Der RUfa folgt einem interreligiösen Bildungsansatz, indem er Konflikte und Meinungsverschiedenheiten thematisiert und Religiöse und kulturelle Heterogenität in Anlehnung an Prengel als Reichtum und Chance gesehen werden (vgl. Freie und Hansestadt Hamburg 2011: S. 10f.). Der RUfa vermittelt eng miteinander verschränkte Kompetenzen im Bereich Wahrnehmung, Deutung, Urteil, Darstellung bzw. Gestaltung und Dialog. Die zu erreichenden Anforderungen innerhalb einer dialogischen Kompetenz sind im Anhang näher ausgeführt.

2.2.2 Baden-Württemberg: konfessionell-kooperativer Religionsunterricht

In Baden-Württemberg wird seit 2005 in Übereinstimmung mit den Grundsätzen der katholischen & evangelischen Kirche ein konfessionell-kooperativer RU angestrebt. Dieses innovative Konzept versteht sich als konfessioneller, dialogischer und vor dem Hintergrund der wechselseitigen Anerkennung von Tradition, Kultur und Theologie als inklusiver RU (vgl. Caspary, Kuld 2017: S. 3f.). Für Schweitzer ist der kooperative RU ein tragfähiges Zukunftsmodell. Er versteht diesen *„als einen bekenntnisorientierten und einen dialogischen Religionsunterricht zugleich"* (Schweitzer 2011: S. 79).

Durch authentische Begegnungen zwischen ev. und kath. Schüler*innen verfolgt das Modell die pädagogische Ziel, Gemeinsamkeiten und Unterschiede im Glauben erfahrbar zu machen, die religiöse Dialogfähigkeit und das Bewusstsein für die eigene Konfession zu stärken (vgl. Caspary, Kuld 2017: S. 3). Im kooperativen Lernen werde ein hohes Aktivierungspotential erreicht und mehr gelernt, indem sich Schüler*innen gegenseitig unterstützen und Ergebnisse gemeinsam erreichen (vgl. Müller-Friese, Schweiker 2013: S. 41f.).

Der konfessionell-kooperative RU scheint zunächst einmal zu informieren, Wissen aufzubauen und Gemeinsamkeiten stärker zu betonen und findet hohe Akzeptanz bei den sowohl konfessionellen als auch konfessionslosen Schüler*innen. Im Optimalfall wird die Fremde Konfession im Sinne Prengels als Geschenk bzw. Reichtum betrachtet, auf das man sich neugierig einlassen kann. Es gilt daher schon in den Grundschulen Raum für einen solchen Dialog zu schaffen, der seine Wurzel bereits in der Ausbildung von Religionslehrer*innen hat.

Als inklusiver Unterricht sieht der RU Unterschiede als „egalitäre Differenz" und fordert in Anlehnung an Prengel die Anerkennung sowie Wertschätzung des Fremden bzw. der Anderen. Vor diesem Hintergrund bietet diese Konzeption eine *„Einübung in den Respekt und das Aushalten des Fremden"* (vgl. Caspary, Kuld 2017: S. 3f.).

2.3 ZWISCHENFAZIT

Sicherlich entsprechen diese Modelle nicht allen Aspekten eines inklusiven Religionsunterrichts, aber sie zeigen, dass ein Umdenken im Kontext einer sich zunehmend pluralisierenden Gesellschaft seinen Lauf nimmt. Diese interreligiösen Bildungsansätze liefern wertvolle Impulse mit Blick auf einen wertschätzenden Umgang mit religiösen Differenzen. Sie stärken ganz im Interesse der EKD die eigene religiöse Identität verbunden mit der Absicht Respekt und Wertschätzung gegenüber anderen Religionsgemeinschaften zu stärken.

Besondere Herausforderungen ergeben sich dabei insbesondere für Lehrkräfte. Denn Lehrkräfte, die vor einer religiös-heterogenen Klasse stehen, stehen auch vor anderen Ausgangsbedingungen. Sie sind herausgefordert über Gemeinsamkeiten und Unterschiede zwischen den Glaubensgemeinschaften Bescheid zu wissen, die im Lehramtsstudium eher nachrangig behandelt werden und müssen gegenüber jenen religiös erfahrenen Schüler*innen anderer Konfessionen in die Zuhörerrolle wechseln (vgl. Caspary, Kuld 2017: S. 3f.).

Der Religionspädagoge Thomas Heller kritisiert einerseits, dass ein interreligiöser Dialog den Umstand religiöser Säkularisierungstendenzen ausblende und konfessionslose Schüler*innen aus dem Blick verliere. Andererseits seien Schüler*innen in ihrer Rolle als Expert*in ihrer Religion einer potentiellen Überforderung ausgesetzt und deutet die Gefahr an, sie gleichzeitig als Angehörige bestimmter Religionen zu stigmatisieren (vgl. Heller et al. 2017: S. 41).

Bereits die Erziehungswissenschaftlerin Barbara Asbrand sah (während ihrer qualitativ-empirischen Untersuchungen zum interreligiösen RU an drei Hamburger Grundschulen) in der Expert*innenrolle die Gefahr, bei den mehrheitlich nicht-religiös sozialisierten Schüler*innen eher Unverständnis und Befremdung auszulösen. Das Ziel der Anerkennung würde verfehlt und nicht-christliche Religionen fallen Kategorisierungen und Ausgrenzungen zum Opfer, wenn z.b. ein muslimisches Kind als Expert*in über die Praxis des islamischen Pflichtgebets spricht und allgemeine Schlüsse über andere Kinder der gleichen Konfession gezogen werden (vgl. Asbrand 2001: S. 19).

Eine Lösung ist die individuelle Anerkennung der Schüler*innen in ihrer Einzigartigkeit, ihren Erfahrungen und ihrer mehrdimensionalen (kulturellen und religiösen) Identität, wie sie von Prengel erwartet wird. Im Folgenden soll anhand der bisherigen Darstellungen ein etwas neuerer Bildungsansatz mit Blick auf eine PdV (siehe Kapitel 2.1) diskutiert werden, der den Diskurs um den RU produktiv Bereichern soll. Es soll geprüft werden, inwiefern die Kriterien einer PdV in Anlehnung an Prengel im folgenden Ansatz Beachtung finden.

3 KULTUR- UND RELIGIONSSENSIBLE BILDUNG (KURS.B)

2017 etablierte das Zentrum für Religionspädagogische Bildungsforschung (ZRB) der Friedrich-Schiller-Universität Jena das „KuRs.B-Projekt". Ausgehend von einer „Pädagogik vom Kinde aus" beansprucht der Ansatz den Bildungsansprüchen der Schüler*innen mit ihren individuellen religiösen und kulturellen Ursprüngen gerecht zu werden (vgl. ZRB 2018: S. 7). Eine Kultur- und religionssensible Bildung verstehe sich sowohl als Aufgabe kirchlicher Bildungseinrichtungen und der Religionsunterrichte als auch als Aufgabe aller Bildungsorte und Schulfächer mit heterogenen Lerngruppen (vgl. Heller et al. 2017: S.44).

KuRs.B nimmt eine starke Verflechtung von Religion und Kultur an, welche sich einander bedingen, jedoch nicht gleichzusetzen sind. Religiöse und kulturelle Prägungen bestimmen die Wahrnehmung unserer Welt und prägen letztlich auch die Vielfalt zwischen und innerhalb von Religionen. Daher sind z.B. nicht alle Muslim*innen nur muslimisch, aber sie sind es eben auch (vgl. Muth 2021: S. 2; Heller et al. 2017: 41). Der Ansatz richtet seine Aufmerksamkeit auf die individuelle Geschichte, berücksichtigt die kollektive Verschiedenheit innerhalb einer Migrant*innenkultur und kommt insofern dem Anspruch *„Kinder und Jugendliche in ihrem historisch-kulturellen Gewordensein zu verstehen"* (Prengel 2019: S. 198) nach.

Eine besondere Bedeutung kommt dem Begriff der Sensibilität zu. Der neue Ansatz möchte Schüler*innen, ihren Eltern und Angehörigen sowie ihren Gefühlen und Lebensstilen behutsam begegnen. Schüler*innen sollen aus der Perspektive ihres jeweiligen Selbstverständnisses verstanden werden. Ihren Wünschen, Ängsten und Vorstellungen gegenüber begegnet man achtsam, verständnisvoll und empathisch. Eine sensible Pädagogik suggeriert die Möglichkeit sich in die Perspektive des Anderen hineinzuversetzen und sich mit seiner Gedanken-Gefühls- und Glaubenswelt zu beschäftigen. Jedoch ist eine solche Annäherung an das Fremde nie mit dem Anspruch eines völligen Wissens über den Anderen verbunden (vgl. Heller et al. 2017: S. 42). Mit dieser Einsicht und einer damit verbundenen Haltung werden Stigmatisierungen vermieden und die Einzigartigkeit eines jeden Einzelnen wird nicht pauschalisiert und auf Angehörige der gleichen Kultur bzw. Konfession übertragen. Das Bewusstsein gegenüber der Einzigartigkeit schafft eine bessere Aufmerksamkeit gegenüber den Fähigkeiten und Ressourcen der Schüler*innen.

Die Kultur- und Religionssensibilität möchte sich den verschiedenen religiösen Vorstellungen, Fragen und Impulsen der Schüler*innen aufmerksam zuwenden und diese pädagogisch aufnehmen. Die Sensibilität schützt das Recht auf Selbstverfügbarkeit eines Jeden. Das Leben und die eigene Geisteshaltung der Kinder und Jugendlichen werden also nicht von Pädagog*innen oder Lehrkräften überformt (vgl. Muth 2021: S. 2). Schüler*innen werden vielmehr (im Sinne einer PdV) bei ihren religiösen Lernprozessen, der Entfaltung ihrer religiösen Potentiale und bei ihrer Lebensgestaltung sensibel durch Sie begleitet und unterstützt. Dabei wird empfohlen, Denk- und Erfahrungsfreiräume zu schaffen, die Schüler*innen die Möglichkeit bieten ihre Vorstellungen, Wünsche und Ängste auszudrücken (vgl. Muth 2021: S. 4f.). In diesem Sinne kommt das KuRs.B-Projekt den Aufforderungen der achten und neunten Thesen ("Keine Definitionen" & „Keine Leitbilder") nach und trägt für geeignete Identifikationsmöglichkeiten auf Seiten der Schüler*innen Sorge und nimmt Sie in ihrer Lebenswelt ernst.

Damit geht einher, dass Schüler*innen gemäß der ersten These eine wertschätzende und selbstachtende Haltung gegenüber ihrer eigenen Religion entwickeln. Lehrkräfte ermöglichen Schüler*innen mit dem vermittelten Wissen und den dabei zur Anwendung kommenden Methoden eine reflektierte Selbstpositionierung, über die Kinder und Jugendliche eine Verständigungsfähigkeit ausbilden (vgl. ZRB 2018: S. 4). Anders ausgedrückt werden durch den Blick auf die eigene Besonderheit und die dadurch entstehende Selbstachtungen im Weiteren (in Anlehnung an die erste These) auch die Fähigkeit und das Interesse an der Einzigartigkeit der Anderen geweckt (vgl. Prengel 2019: S. 195). Diese Neugierde dient als Brücke auch Anderen in ihrer Einmaligkeit achtsam und wertschätzend zu begegnen. In dialogischen Begegnungen mit Anderen, durch das zum Ausdruck bringen der eigenen Erfahrungen, *„mitteilen und zuhören,*

zuschauen, was bei anderen vorgeht, was sie empfinden, lernen, was für sie wichtig ist, (...)
finden Annäherungen unter Berücksichtigung von Grenzen statt." (Prengel 2019: S. 196).

Durch die Selbstachtung und Anerkennung der religiösen und kulturellen Haltung der Anderen entsteht Gemeinsamkeit, die eine Atmosphäre schafft, in der Verschiedenheit in Anlehnung an die dritte These entwickelt und als Ressource genutzt werden kann. *„Einander wahrnehmen und kennenlernen gibt in den unterschiedlichen Bildungseinrichtungen (...) Impulse, Neues zu probieren und sich weiterzuentwickeln"* (Prengel 2019: S. 196). In dieser Hinsicht wird KuRs.B dem Ziel gerecht, Schüler*innen zu einem wertschätzenden Umgang mit anderen zu befähigen und Gebrauch vom Reichtum an Individualität zu machen.

Auf institutioneller Ebene bindet das Projekt Kinder und ihre Eltern bzw. Familien in die organisatorischen und inhaltlichen Gestaltungsbereiche ein, sodass diese sich innerhalb einer Elternvertretung als gesellschaftliche Akteure erleben und Entscheidungsprozesse aktiv mitgestalten können (vgl. ZRB 2018: S. 5; Heller et al. 2017: S. 45). Damit ist eine wichtige Voraussetzung im Bereich Teilhabe für eine PdV erfüllt.

Im Gespräch mit dem wissenschaftlichen Mitarbeiter Dr. Sungsoo Hongan der Arbeitsstelle für Kultur- und Religionssensible Bildung am Forschungszentrum für Religion und Bildung (FZRB) habe ich erfahren, dass es im jetzigen Konzept weniger darum geht Gemeinsamkeiten und Differenzen von unterschiedlichen Konfessionen zu thematisieren. Das Hauptanliegen sei viel mehr, alle Kinder sensibel mit ihrer jeweiligen kulturellen und religiösen Individualität sowie ihre Bedürfnissen wahrzunehmen und anzuerkennen.

Dazu gestaltet die Arbeitsstelle KuRs.B zusammen mit dem FZRB Fort- und Weiterbildungsangebote für Pädagog*innen in Kitas, Schulen und der Erwachsenbildung. In interaktiven Workshops werden Reflexions- und Vernetzungsmöglichkeiten angeboten, die Pädagog*innen in ihrem Alltag im Umgang mit Vielfalt und bei der Entwicklung chancengleicher Prozesse für Schüler*innen und ihren Familienangehörigen unterstützen (vgl. Arbeitsstelle für Kultur- und Religionssensible Bildung o.D.: o.S.). Diese Professionalisierung der pädagogischen Praxis legt den Grundstein für einen Kultur- und religionssensible und somit auch inklusiven Bildung im Unterricht, der zur Toleranz und wechselseitigen Anerkennung befähigt.

4 FAZIT & AUSBLICK

Eine kultur- und religionssensible Bildung scheint als vorbereitende Maßnahme von Kindheit an den Weg eines friedlichen, von Toleranz und wechselseitiger Anerkennung geprägten

Zusammenlebens zu ebnen. Im Kontext einer sehr diversen Gesellschaft werden der Religionsunterricht sowie die schulische Bildung im Allgemeinem durch die Gedanken des KuRs.B-Projektes sehr bereichert und treffen den Kern einer Pädagogik der Vielfalt, wie sie von Prengel verstanden wird. Diese Didaktik für heterogene Lerngruppen kommt Prengels Forderung nach einem professionellen Umgang mit Vielfalt nach, der jenen Menschen in ihren unterschiedlichen Lebenslagen gerecht wird und den Reichtum ihrer Verschiedenheit als Ressource für Bildungsprozesse nutzbar macht. Die kultur- und religionssensible Bildung vermeidet das Problem, die Religion der Schüler*innen als kulturelle Erscheinungsform zu subsumieren, indem Schüler*innen in ihrer mehrdimensionalen kulturellen und religiösen Identität anerkannt und wahrgenommen werden.

Heller versteht das KuRs.B-Konzept sogar als notwendige Erweiterung der PdV um den Begriff der Religion. Eine Pädagogik der Vielfalt habe demnach also mit *„Angehörigen verschiedener Kulturen [und Religionen] zu tun"* (Prengel 2019: S. 19, Nach: Heller et al. 2017: S. 43). Verbindungen zwischen den Kulturen und Religionen finden sich *„Weniger in gemeinsamen Normen, sondern im Bewusstwerden der eigenen Kultur [und Religion] und im Hinhören auf die andere Kultur [und Religion]"* (Prengel 2019: S. 91, Nach: Heller et al. 2017: S. 44).

In Anlehnung an Asbrand wäre eine Thematisierung von Gemeinsamkeiten und Differenzen von Kindern mit unterschiedlicher Religionszugehörigkeit eine gute Ergänzung, die Anerkennung der Individualität der Kinder zu unterstützen (vgl. Asbrand 2001: S. 19).

Als Fort- und Weiterbildungsangebot für pädagogische Fachkräfte und als Aufgabe aller Bildungsorte, in denen Vielfalt existiert, bleibt jedoch offen, wie eine kultur- und religionssensible Bildung im konfessionell getrennten, daher eher religiös homogenen schulischen Kontext, Anwendung findet. Das Konzept KuRs.B sieht nicht ausdrücklich vor, Schüler*innen unterschiedlicher Konfessionsangehörigkeit im RU zusammen zu unterrichten. Insofern besteht im konfessionellen RU auf der Beziehungsebene weiterhin eine entscheidende Separation, die dem gemeinsamen Aufwachsen und Kennenlernen der unterschiedlichen Lebenssituationen Anderer keine Beachtung schenkt. Daher sei an dieser Stelle auf die Vorzüge des Hamburger und des Baden-Württemberger Modells verwiesen, welche durch Kooperation zu anderen Religionsgemeinschaften oder das gemeinsame Unterrichten aller Schüler*innen ungeachtet ihrer Religionszugehörigkeit mehr Nähe und Verbindungen unter den verschiedenen Schüler*innen schaffen. Vielleicht wäre es daher interessant, dass KuRs.B-Konzept in Verbindung mit einem interreligiösen RU (wie z.B. in Hamburg) zu bringen und die Vorteile beider Modellvorstellungen zu verbinden.

5 LITERATURVERZEICHNIS

Arbeitsstelle für Kultur- und Religionssensible Bildung (KuRs.B). URL: https://www.kursb.uni-jena.de/ueber-kurs-b (Download 08.09.2022).

Asbrand, Barbara (2001): Wer ist fremd? Fremdverstehen als Zusammen Leben und Lernen im interreligiösen Religionsunterricht. In: In: ZEP : Zeitschrift für internationale Bildungsforschung und Entwicklungspädagogik 24/3, S. 18-21.

Caspary, Christiane; Kuld, Lothar (2017): Konfessionell-kooperativer Religionsunterricht – konfessionell, dialogisch, inklusiv Didaktische Herausforderungen und Perspektiven für den konfessionell-kooperativen Religionsunterricht. In: Zeitschrift "Notizblock 61" Materialdienst für Religionslehrkräfte. Diözese Rottenburg-Stuttgart: S. 2 -7.

Doedens, Folkert; Weiße, Wolfram (2007): Religion unterrichten in Hamburg. In: Theo-Web. Zeitschrift für Religionspädagogik 6, H. 1, S. 50-67.

Evangelische Kirche in Deutschland (1994): Identität und Verständigung. Standort und Perspektiven des Religionsunterrichts in der Pluralität. Eine Denkschrift der Evangelischen Kirche in Deutschland. Gütersloh: Gütersloher Verlagshaus.

Freie und Hansestadt Hamburg (2011). Bildungsplan Grundschule. Religion. Hamburg. URL: https://www.hamburg.de/contentblob/2482202/12eac945b4b3b7606ac899b5e8c1fd6d/data/religion-gs.pdf (Download 08.09.2022).

Heckel, Martin (2007): Vom Religionskonflikt zur Ausgleichsordnung - Der Sonderweg des deutschen Staatskirchenrechts vom Augsburger Religionsfrieden 1555 bis zur Gegenwart. München: Verlag der bayrischen Akademie der Wissenschaften

Heller, Thomas; Seher, Sophie; Wermke, Michael (2017): Auf dem Weg zu einer kultur- und religionssensiblen Bildung – Thesen und Reflexionen zu einem Paradigmenwechsel in der interkulturellen und –religiösen Bildung. In: Theo-Web, 16(2), 37–47.

IMST-Handreichungen (2014): Pädagogik der Vielfalt - Diversity Education. In: URL: https://www.imst.ac.at/texte/index/bereich_id:55/seite_id:231 (Download 30.08.2022).

Kirchenamt der EKD (2014): Religiöse Orientierung gewinnen. Evangelischer Religionsunterricht als Beitrag zu einer pluralitätsfähigen Schule. Eine Denkschrift des Rates der Evangelischen Kirche in Deutschland. Gütersloh: Gütersloher Verlagshaus.

Kothmann, Thomas (2015): Religionsunterricht, evangelisch. In: Das wissenschaftlich-religionspädagogische Lexikon im Internet (WiReLex). Stuttgart: Deutsche Bibelgesellschaft.

Li Hamburg - Landesinstitut für Lehrerbildung und Schulentwicklung: Weiterentwicklung des Religionsunterrichts für alle URL: https://li.hamburg.de/religion/material/4419346/art-einleitung/ (Download: 05.09.2022).

Lüdtke, Antonia (2020): Confessional Gap: Konfessionalität und Religionsunterricht denken. Stuttgart: Kohlhammer Verlag.

Müller-Friese, Anita; Schweiker Wolfhard (2013): Inklusives Lernen im Religionsunterricht. In: Elsenbast, Volker; Otte, Matthias; Pithan, Annebelle (Hg.): Inklusive Bildung als evangelische Verantwortung. Hofgeismar: Comenius-Institut Evangelische Arbeitsstätte für Erziehungswissenschaft e. V., S. 38-48.

Muth, Katharina (2021): Was ist Kultur- und Religionssensibilität und wie wird sie sichtbar? Theoretische Einführung und praktische Anregung zur Qualitätsmessung kultur- und religionssensiblen Handelns in pädagogischen Kontexten. Jena: Arbeitsstelle KuRs.B am Zentrum für Religionspädagogische Bildungsforschung.

Prengel, Annedore (2010): Wie viel Unterschiedlichkeit passt in eine Kita? Theoretische Grundlagen einer inklusiven Praxis in der Frühpädagogik. In: WiFF Fachforum: Von einer Ausländerpädagogik zur inklusiven Frühpädagogik – Neue Anforderungen an frühpädagogische Fachkräfte. München.

Prengel, Annedore (2013a): Inklusive Bildung in der Primarstufe. Eine wissenschaftliche Expertise des Grundschulverbandes. Frankfurt am Main: Grundschulverband e.V.

Prengel, Annedore (2013b): Inklusion pädagogisch - Grundverständnisse, Voraussetzungen und Konzeptionen. In: Elsenbast, Volker; Otte, Matthias; Pithan, Annebelle (Hg.): Inklusive Bildung als evangelische Verantwortung. Hofgeismar: Comenius-Institut Evangelische Arbeitsstätte für Erziehungs-wissenschaft e. V., S. 6 – 14.

Prengel, Annedore (2019): Pädagogik der Vielfalt: Verschiedenheit und Gleichberechtigung in Interkultureller, Feministischer und Integrativer Pädagogik, 4. Auflage. Wiesbaden: Springer Fachmedien.

Schweitzer, Friedrich (2011): Die Moderne und Religionen. Kooperativer Religionsunterricht als Zukunftsmodell. In: Ucar, Bülent; Blasberg-Kuhnke, Martina; von Scheliha, Arnulf (Hg.): Religionen in der Schule und die Bedeutung des Islamischen Religionsunterrichts, Osnabrück: 79-89.

Schweitzer, Friedrich (2015): Religiöse Orientierung gewinnen – Religionspädagogische Aufgaben in der multireligiösen Gesellschaft. In: Loccumer Pelikan - Religionspädagogisches Magazin für Schule und Gemeinde des Religionspädagogischen Instituts Loccum, 1/15, S. 9-12.

Schweitzer, Friedrich (2022): Von der religiösen zur interreligiösen Bildung? Einwände, theoretische Klärungen und empirische Befunde zur Wirksamkeit. In: Zeitschrift für Erziehungswissenschaft, 25, S. 5–23.

ZRB - Zentrum für Religionspädagogische Bildungsforschung (2018): Arbeitsstelle für Kultur- und Religionssensible Bildung (KuRs.B). URL: https://www.beta-diakonie.de/fileadmin/beta-diakonie/downloads/Dokumentation_BETA.Berlin.2018-World_Cafe.final.pdf (Download 07.09.2022).

6 ANHANG

Abb.1: Anforderungen der Dialogkompetenz (Freie und Hansestadt Hamburg 2011: S. 20)

Beobachtungskriterien am Ende der Jahrgangsstufe 2	Regelanforderungen am Ende der Jahrgangsstufe 4
	Die Schülerinnen und Schüler
Teilkompetenz: religiöser und weltanschaulicher Vielfalt sensibel und dialogorientiert begegnen	
• Ist das Kind neugierig auf die religiöse und weltanschauliche Vielfalt in der Klasse?	• formulieren Fragen, die dem Kennenlernen der Religionen und Kulturen im schulischen Umfeld dienen, und sind interessiert an den Antworten,
Teilkompetenz: Respekt, Verständigungsbereitschaft, wechselseitige Wertschätzung und Anerkennung von Differenz als Kriterien in dialogischen Situationen berücksichtigen,	
• Zeigt das Kind im gegenseitigen Austausch und beim Kennenlernen (z.B. von religiösen Festen) Wertschätzung und Anerkennung?	• wissen und zeigen, wie man sich bei Begegnungen mit (anderen) Religionen und Kulturen (z.B. beim Besuch Heiliger Räume, bei Festen) angemessen verhält, • stellen bei Begegnungen (z.B. Besuch einer Moschee, einer Kirche, eines Tempels, eines Cem-Hauses) auf angemessene Art Fragen und sind interessiert an den Antworten,
Teilkompetenz: Gemeinsamkeiten und Unterschiede von religiösen und weltanschaulichen Überzeugungen benennen, erläutern und angemessen kommunizieren,	
• Kann das Kind an einfachen Beispielen (z.B. religiösen Festen) Gemeinsames und Unterschiedliches in den Religionen benennen?	• benennen an Beispielen (z.B. Orte gelebter Religion, Entstehungsgeschichten der Welt) Gemeinsames und Unterschiedliches in den Religionen und Kulturen,
Teilkompetenz: ein und denselben Sachverhalt aus verschiedenen Perspektiven betrachten	
• Kann das Kind sich bei einfachen Geschichten in die Situation hineinversetzen?	• versetzen sich bei arrangierten Situationen (z.B. Geschichten, Rollenspiele, szenisches Spiel) in verschiedene Personen hinein und betrachten die Situation aus der Perspektive des anderen,
Teilkompetenz: die Perspektive eines anderen einnehmen und von dort aus den eigenen Standpunkt reflexiv betrachten	
• Kann das Kind sein Verhalten beschreiben (z.B. bei konkreten Streitsituationen)?	• blicken mithilfe eines erarbeiteten Perspektivwechsels (z.B. anhand von Erzählungen über Begegnungen Jesu) von außen auf ihr eigenes Verhalten,
Teilkompetenz: sich aus der Perspektive des eigenen Glaubens/der eigenen Weltanschauung mit anderen religiösen und weltanschaulichen Überzeugungen argumentativ auseinandersetzen.	
• Kann das Kind von Lebensformen der eigenen Familie (z.B. Festen) selbstbewusst erzählen?	• benennen Elemente ihrer Tradition oder Kultur und ihres Glaubens bzw. ihrer eigenen Weltanschauung, die ihnen wichtig sind, und was sie an anderen interessant finden.